dtv

Dietmar Bittrich lebt als Autor in Hamburg und schrieb mehrere Bestseller, darunter ›Das Gummibärchen-Orakel‹ und ›Böse Sprüche für jeden Tag‹ (dtv 20676). 1999 erhielt er den Hamburger Satirikerpreis.

DIETMAR BITTRICH

Das Orakel der frechen Antworten

Mit Illustrationen von
Thomas August Günther

Deutscher Taschenbuch Verlag

Von Dietmar Bittrich sind im
Deutschen Taschenbuch Verlag u.a. erschienen:

›Böse Sprüche für jeden Tag‹ (20676)
›Böse Sprüche für Sie & Ihn‹ (20761)
›Böse Bauernsprüche für jeden Tag‹ (20860)
›Sexy Stories‹ (20900)
›Wie man sich und anderen das Leben schwer macht‹ (20951)
›Der bitterböse Weihnachtsmann‹ (21027)

Originalausgabe
Dezember 2007

www.dtv.de

Umschlagkonzept: Balk & Brumshagen
Umschlagbild: Thomas August Günther
Satz: TypoDesign, Kist bei Würzburg
Druck und Bindung: C. H. Beck, Nördlingen
Gedruckt auf säurefreiem, chlorfrei gebleichtem Papier
Printed in Germany · ISBN 978-3-423-21033-1

Dieses Buch sagt die Wahrheit.
Es erleichtert jede Entscheidung.
Halten Sie das geschlossene Buch in
Hand. Stellen Sie Ihre Ja- oder N
Frage. »Werde ich Stefan rumkrieg
»Soll ich wirklich Jura studieren?«
»Muss ich mit meiner Mutter verre
Öffnen Sie das Buch.
Verlassen Sie sich darauf:
Es wird die perfekte Stelle sein
Mit der perfekten Antwort.
Jetzt wissen Sie, wie Ihr Leben weit
Herzlichen Glückwunsch!

Gern.
Aber es wird dir nichts nützen.

Ja, aber nimm vorher
Schmerztabletten.

*Wenigstens deine Feinde
werden sich freuen.*

Nachdenken hat dir noch nie geholfen.

Nein.
Dazu bist du nicht beliebt genug.

Natürlich!
Aber erwarte nicht, dass wir dich retten!

Nein.
Aber du könntest dich mal wieder waschen.

Versuche es mit Geiz
und guten Worten.

Ist das nicht eher ein Fall für Greenpeace?

Dafür bist du schon zu alt.

Tue es;
aber schreibe vorher dein Testament.

Nein,
das ist erst im nächsten Leben dran.

Klar doch!
Dein Schutzengel ist bereits
auf der Flucht.

Ja – wenn du deinem Nachbarn zur Linken fünf Euro gibst.

Nein.
Besuche lieber deinen alten Klassenlehrer.

Nur zu,
wenn du einsam und traurig
sterben willst!

Natürlich!
Es kann ohnehin nur
bergab gehen!

Klar.
Und bestell schon mal
Essen auf Rädern.

Kannst du machen.
Die Nummer der Telefonseelsorge
hast du?

Ja, wenn du zehn Pfund abnimmst.

Versuche es mit Kopfschmerztabletten.

Sicher!
Warum solltest ausgerechnet du
glücklich und in Frieden leben?

Ja, aber sofort!
Nur verlange bitte nicht,
dass du wiedergeboren wirst!

Tue es und alarmiere anschließend
die Giftmüllzentrale.

Der Kapitän der Titanic
stand vor derselben Entscheidung.
Mach es wie er.

*Warum nicht?
Dein Ruf ist ja schon
ruiniert.*

Ja – denn anschließend wirst du wissen, warum alle dir abgeraten haben.

*Nein, dazu müsstest du
besser aussehen.*

Was ist das überhaupt
für eine Frage?
Du solltest dich schämen!

Darauf kommt es jetzt auch nicht mehr an.

Ja – denn andere wollen auch ihren Spaß haben!

Na ja, wenn dir nichts Besseres einfällt.

Bitte, gern!
Warum soll es dir gut gehen?

Dafür müsstest du erst mal kapieren,
worum es geht.

Nein. Putz dir lieber mal die Zähne.

Was du tust,
interessiert ohnehin keinen.

Ja, aber du wirst nichts davon haben.

*In einem früheren Leben
wärest du dafür als Hexe verbrannt
worden. Aber jetzt geht's dir ja gut.*

Gern. Und anschließend kannst du in Würde altern.

Nein. Es sei denn,
du nimmst deinen Babysitter mit.

Hundertprozentig Jein!

Auf jeden Fall!
Denn du kannst gut noch ein
weiteres Problem gebrauchen.

*Nein. Denn das zählt zu
den verbotenen Tierversuchen.*

Nur wenn du vorher deinen Intelligenzquotienten verdoppelst.

Ja, aber sieh anschließend nicht in den Spiegel.

Das zu entscheiden,
wäre gestern der Zeitpunkt
gewesen. Schade.

Nein.
Das ist nur was für Leute
mit Charakter.

Ja, und wenn alles gut geht,
kannst du danach die
Sperrmüllabfuhr bestellen.

*Bevor dir dieses Buch
eine Antwort gibt, kämme dir erst
mal die Haare.*

*Warum nicht?
Nur heul anschließend nicht
das Telefon voll.*

Alles spricht dagegen.
Also tue es!

Ja, für Minderbegabte
wie dich ist es genau das Richtige.

Das hättest du
deine Großmutter fragen sollen.

Nur wenn du zum Frührentner werden willst.

Ja, klar.
Möchtest du anschließend beerdigt, verbrannt oder auf See bestattet werden?

Nicht ohne deine Mutter.

Ja, aber beginne gleichzeitig eine intensive Partnerschaftstherapie.

Nein,
dazu reicht dein Grips nicht.

Ja, denn als Unglücksrabe bist du liebenswerter.

Sei nicht so selbstlos.
Versuche es mit purem Egoismus!

Es gibt eine bessere Lösung.
Hoffentlich kommst du nicht drauf!

Ja, denn auch Alpträume
müssen einmal Wirklichkeit werden.

Bleib einfach im Bett.
Aber lüfte gelegentlich.

Nur, wenn du das Ganze als Arbeitsunfall absetzen kannst.

Frage deine Schwiegermutter.

Ja, und jetzt lass endlich dieses Buch in Ruhe.

Nein, dafür bist du einfach nicht gut genug.

Nur zu.
Du hast ohnehin keine Chance.

Klar!
Besonders wenn du anschließend auswandern willst!

Ja, das wird lustig.
Nur wahrscheinlich nicht für dich.

Nur wenn du
in Kontakt mit deiner unterdrückten
Wut kommen willst!

Nein, das solltest du
dem Papst überlassen.

Nur Versager stellen sich diese Frage.

Mit Mobbing kommst du weiter.

Das hättest du schon vor einem Jahr fragen sollen.

Dir wird es keinen Spaß machen –
aber allen, die zusehen dürfen.

Nein.
Das hätte nur Sinn, wenn du
charmant und geistreich wärest.

Setze deinen Sex-Appeal ein.
Am besten sofort.
Jetzt.

Versuche es mit Alkohol.

Spar das Geld und schicke es dem Verfasser dieses Buches.

Bloß nicht!
Das ist Aufgabe des
amerikanischen Präsidenten!

Nein, du solltest dir erst deinen Grabstein aussuchen.

Ja, mach dich lächerlich –
so gefällst du allen am besten.

Nein, lass das deinen Therapeuten machen.

Sicher – denn jünger wirst du nicht mehr, und schöner sowieso nicht.

Unter uns gesagt:
Ohne dich geht alles besser.

Ja, aber vergiss nicht,
das Kinderhilfswerk zu alarmieren.

Geh die Sache auf keinen Fall nüchtern an.

Nur zu!
Länger leben wäre sowieso
uninteressant.

Nein, denn für die meisten deiner Freunde bist du schon jetzt schwer erträglich.

Ja, aber vorher solltest du dich noch mal richtig satt essen.

Nicht ohne deinen Anwalt.

Nein, das wäre mehr was für Mutter Teresa.

Warte lieber noch!
Das ist was fürs Alter.

Versuch es!
Denn Scheitern macht Spaß.

Du wirst alles erfahren,
was du nie wissen wolltest.

Dazu bist du
nicht mehr jung genug.

Es wird ein Problem geben,
und dieses Problem bist du.

Ja, klar, du weißt doch,
wie es Lady Diana ergangen ist!

*Nein, leg lieber die Füße hoch
und sieh fern.*

*Kann sein,
dass du leidest – aber alle
anderen genießen!*

Um Himmels willen!
Wie konnte es so weit mit dir
kommen?

Sicher. Aber wer soll dann deine Wohnung putzen?

Die Antwort findest du unterm Tannenbaum.

Eine kleine Schlankheitskur würde dir besser bekommen.

Frage in neun Monaten noch mal nach.

Und wenn du es einfach mal mit einer Ohrfeige probierst?

Trinke lieber einen übern Durst.

Gern! Beim anschließenden Prozess wirst du viele Zuschauer haben.

Nur wenn du sicher bist,
dass dein Gebiss fest sitzt.

Warum nicht?
Dein Leben besteht nun mal
aus lauter Pannen.

Tu es!
Du wirst trotzdem einsam,
arm und garstig bleiben.

Frag den Gebrauchtwagenhändler deines Vertrauens.

Egal ob du es tust oder lässt –
du wirst es bereuen.

Komisch, du fragst immer dasselbe.
Die Antwort bleibt NEIN!

Ja, und hinterher bekommst du endlich deinen Behindertenparkplatz.

Nur wenn du in Zentralafrika wiedergeboren werden willst.

Natürlich!
Nur vorher noch eine Frage:
Wer erbt dein Geld?

Versuche es mit einer Beleidigung.

Ja, gern,
denn dann wird alles
noch schlimmer.

Es wird ein herrlicher Flop.

So etwas überlass gefälligst dem Dalai Lama.

Versuche es unter der Bettdecke zu tun.

Dank an
Julius v. Stauffenberg

Nein, leider fehlt es dir
dazu an Begabung.

Klar!
Und du bist ja bereit, anschlie
die Stadt zu verlassen?